More Techniq takes off!

MARY COHEN

© 2006 by Faber Music Ltd
First published in 2006 by Faber Music Ltd
3 Queen Square London WC1N 3AU
Music processed by Jackie Leigh
Cover design by Lynette Williamson
Printed in England by Caligraving Ltd
All rights reserved

ISBN 0-571-52484-2

FABER **ff** MUSIC

Intrada Duet

4

Intrada Solo

Play this with energy and confidence, trying to equal the resonance of the duet version! Placing the bow on an imaginary in-between string helps the double-stopping. You can either arpeggiate the first chord or break it into two notes and two notes; adjust your finger angle across the strings to tune the fifths correctly in bars 3, 7 and so on.

Wichtig ist, das Stück energiegeladen und sicher zu spielen und zu versuchen, dem Klang der Duett-Version möglichst nahe zu kommen! Sich vorzustellen, dass der Bogen auf einer imaginären Zwischensaite gestrichen wird, ist bei Doppelgriffen ganz hilfreich. Den ersten Akkord kann man entweder arpeggieren oder in zwei plus zwei Noten brechen. Der Winkel, in dem der Finger quer auf die Saiten gelegt wird, muss genau stimmen, damit die Quinten in den Takten 3, 7 usw. sauber klingen.

1) tuning – 1st finger shifts
2) slurs
3) vibrato

Asleep in the hammock Duet

Vibrato 'fortissimo' in the left hand, but keep to the printed dynamics with your bow. Enjoy putting a little *gliss* on some of the slides (where the fingering is marked with a dash). In the last two bars, support the *vibrato* of the fourth finger with the third; at the pause, stop the *vibrato* half-way through the note, tilt the wood of the bow towards the scroll to use only a few hairs, and move it near the edge of the fingerboard. At the end of the note the bow should lift off magically by itself – if your arm is completely balanced!

Die linke Hand vibriert *fortissimo*, der Bogen allerdings muss sich an die vorgegebene Dynamik halten. Bei einigen Lagenwechseln (an den Stellen, die mit einem Strich zwischen den Fingersatzangaben gekennzeichnet sind) klingt ein kleines Glissando ganz schön. In den letzten beiden Takten wird das Vibrato mit dem vierten Finger vom dritten Finger unterstützt; bei der Fermate hört das Vibrato etwa bei der Hälfte des Notenwertes auf, der Bogen wird mit der Stange zur Schnecke hin gekippt, sodass er nur noch mit wenigen Haaren auf der Saite aufliegt, und bis kurz vor das Griffbrett bewegt. Am Ende des Tons sollte sich der Bogen wie von selbst von der Saite heben – was nur funktioniert, wenn der Arm absolut im Gleichgewicht ist!

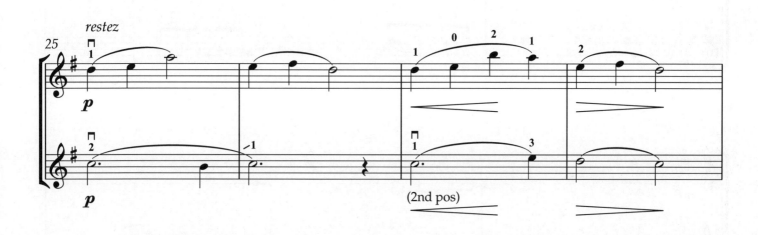

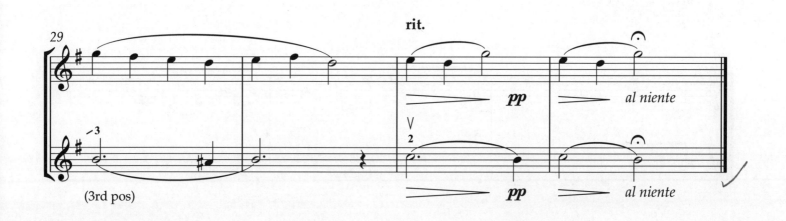

Weaving song Duet

Weavers sing to keep their work rhythmic, so keep the pulse of this song steady throughout. Play natural harmonics (as in bar 1) exactly where the note is written, touching the string with a flattish finger pad. For the artificial (or 'stopped') harmonics (e.g. bar 15), press the lower note firmly whilst touching the top note lightly.

Singen hilft den Webern, in einem gleichmäßigen Rhythmus zu arbeiten. Entsprechend ist bei diesem Lied darauf zu achten, seinen Puls ganz gleichmäßig durchzuhalten. Die natürlichen Flageoletttöne (z. B. in Takt 1) werden in der ersten Lage gespielt, und zwar genau an der Stelle der geschriebenen Note, indem man die Saite mit der flach aufgelegten Fingerkuppe leicht berührt. Bei den künstlichen Flageoletts (z. B. in Takt 15) wird der untere notierte Ton fest gegriffen und an der Stelle des oberen Tons die Saite nur leicht berührt.

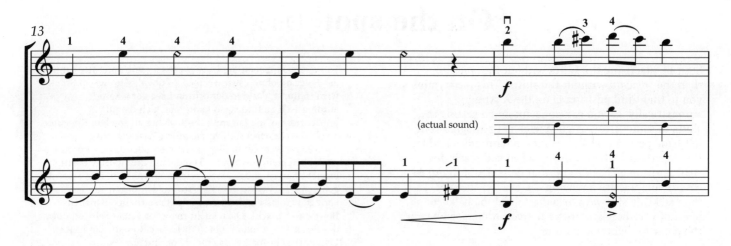

molto rit.

On the spot Duet

Start by practising the shifts without the *spiccato*, then the *spiccato* without the shifts! This piece trains you to find third position D on the A string automatically, so you can concentrate on getting the shifts to sound clean. A good trick is to imagine your left hand performing a *glissando* in harmonics against the fingerboard when shifting; when you reach the right position go back to normal pressure. *Spiccato* is easy if you practise bouncing the bow on the spot, then add tiny sideways 'bananas'. Find the balance point of your bow and try your *spiccato* here; go nearer the point for lighter dynamics.

Es ist ratsam, zuerst die Lagenwechsel ohne Spiccato, dann das Spiccato ohne Lagenwechsel zu üben! Mit diesem Stück wird trainiert, das d in der dritten Lage der a-Saite automatisch zu finden; so kann man sich darauf konzentrieren, die Lagenwechsel sauber zu spielen. Ein guter Trick besteht darin sich vorzustellen, dass die linke Hand beim Lagenwechsel in Flageoletttönen über das Griffbrett nach oben gleitet; wenn die Hand dann die richtige Position erreicht hat, setzt der Finger wieder normal auf. Das Spiccato geht ganz leicht, wenn man erst übt, den Bogen auf der Stelle springen zu lassen, dann eine leichte seitliche "Bananen-Bewegung" macht. Dazu sucht man, wo genau Schwerpunkt des Bogens liegt, und probiert das Staccato dort. Bei leiserer Dynamik geht man etwas mehr zur Spitze.

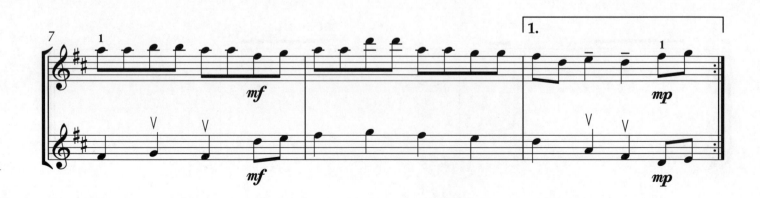

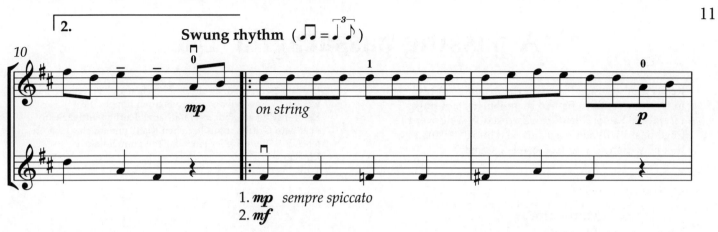

Swung rhythm

1. *mp* *sempre spiccato*
2. *mf*

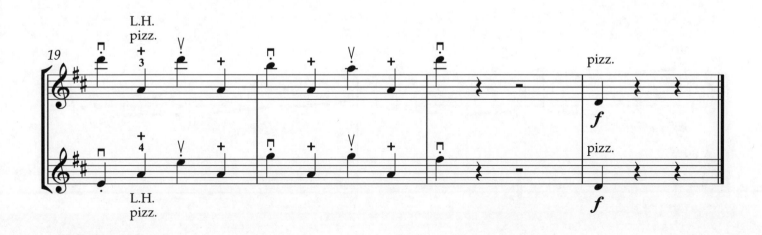

A passing passacaglia Duet

Really enjoy using *vibrato* on the long *arco* notes here. In the four *ostinato* figures, a combination of finger *vibrato* and a confident *pizzicato* action well over the fingerboard will add resonance and bring the notes to life: play each as a perfect jewel of sound.

Die langen *arco*-Töne sollten mit schön viel Vibrato gespielt werden. Bei den vier Ostinato-Figuren bringt eine Kombination aus Finger-Vibrato und deutlichem Pizzicato über dem Griffbrett zusätzlichen Klang und macht die Noten lebendig: So wird jeder einzelne Ton zum perfekten Klangjuwel.

Quite a character! Duet

When moving quickly between *arco* and *pizzicato*, anticipate the feel of each technique before you change, and don't hesitate! Watch as well as listen at these changes to stay together. To help the intonation in the clusters of chromatic intervals (e.g. F♯ / F♮ / F♯) make the semitones big.

Bei schnellen Wechseln zwischen *arco* und *pizzicato* sollte der Spieler sich die jeweilige Technik schon vor dem Wechsel bewusst machen und dann beim Wechsel nicht zögern. Wichtig ist, genau darauf zu achten, dass diese Wechsel zusammen bleiben. Um die Intonation in den Clustern chromatischer Intervalle zu erleichtern (z. B.: fis – f – fis), werden die Halbtöne sehr deutlich gespielt.

Energico ♩ = 132–144

Quite a character! Solo

Remember to imagine playing on an in-between string when double-stopping. Prepare the final chord by placing the first finger in third position, and break the chord into two notes followed by two notes.

Zur Erinnerung: Es ist hilfreich, sich beim Streichen von Doppelgriffen eine Zwischensaite vorzustellen. Der Schlussakkord wird vorbereitet, indem man mit dem ersten Finger in die dritte Lage geht und dann den Akkord in zwei plus zwei Noten bricht.

Sarabande and Double Duet

Play this in a Baroque style by aiming for a singing tone with gentle *vibrato* supported by light, confident bowing. The position changes should have very clean shifts. In the *Double* the parts should interweave as though played by one person.

Dieses Duett wird im Barockstil musiziert. Ziel ist ein gesanglicher Klang mit nicht zu viel Vibrato, unterstützt von einem leichten, aber sicheren Bogenstrich. Die Lagenübergänge sollten sehr klar klingen. Im *Double*-Teil sind die Stimmen so ineinander verwoben, als würden sie von einer Person gespielt.

Double

Clouds of blossom are mirrored in the lake Solo

Paint this scene in broad strokes using lots of bow. Anticipate the shift to fourth position in bar 30 by bringing your elbow round in plenty of time. The fingering in bars 1–16 shows only some of the possibilities. Work out your own fingerings and dynamics for the reprise of this passage (bars 33–48): what is the journey of this piece? Do you think the end should be strong, quiet, or something in-between?

Die bildliche Szene kann man mit breitem Strich und viel Bogen nachzeichnen. Auf den Lagenwechsel in die vierte Lage in Takt 30 sollte man vorbereitet sein und den Ellbogen rechtzeitig rund machen. Der Fingersatz in den Takten 1 bis 16 zeigt nur einige der Möglichkeiten auf. Für die Reprise dieser Passage (Takte 33 bis 48) muss sich der Spieler selbst Fingersatz und Dynamik überlegen: Wo führt dieses Stück hin? Ist das Ende eher kräftig oder doch ruhig oder irgendwas dazwischen?

'Howdy!' hoedown Solo

It's time to get well-acquainted with the lower half of your bow, because this piece is hard to play anywhere else! Keep your right thumb very flexible and use as little bow as possible (4cm is plenty), especially on slurs and string crossings. Learn the notes slowly with separate bows before attempting to play the piece as written. In bars 3-5 (and so on) listen for the sound of each grace note before sliding to the main note.

Es wird Zeit, die untere Hälfte des Bogens besser kennen zu lernen, denn das Stück ist schwer an einer anderen Stelle zu spielen. Der rechte Daumen muss hier sehr flexibel bleiben und es wird mit möglichst wenig Bogen gespielt (4 cm reichen völlig), vor allem bei Bindungen und Saitenübergängen. Der Notentext sollte langsam und mit getrenntem Bogenstrich erarbeitet werden, bevor der Spieler versucht, ihn so zu spielen wie notiert. In den Takten 3 bis 5 (und weiter) ist vor dem Gleiten zur Hauptnote auf den Klang jedes Vorschlags zu achten.

Forget-me-not rag Duet

Play this rag in a steady tempo with a delicate touch. Use *vibrato* and light *gliss.* shifts to add gloss to the sound. In bars 1, 2 and 4 (and similar places in both parts) lift off the *staccato* slightly and place the minim very precisely.

Dieser Rag ist in gleich bleibendem Tempo und mit zartem Charakter zu spielen. Der Einsatz von Vibrato sowie mit leichtem Glissando gespielte Lagenwechsel verleihen dem Ton zusätzlichen Glanz. In den Takten 1, 2 und 4 (und an ähnlichen Stellen in beiden Stimmen) wird das Staccato leicht abgehoben und die halbe Note ganz präzise gesetzt.

Far distant ... Duet

In the *rubato* bars, play expressively with rhythmic freedom. Try to start exactly together after each of them. Treat the commas as breathing marks.

Die Takte 3, 6, 14 usw. sollten bewusst rhythmisch frei gespielt werden. Beide Spieler müssen aber nach diesen *rubato*-Abschnitten exakt gleichzeitig wieder ansetzen. Die Kommas sind als Atemzeichen aufzufassen.

Far distant ... Solo

In passages of double-stopping, it is important to look ahead and plan the route, so the dotted lines are to alert you to changes of position.

In Doppelgriffpassagen ist es ganz wichtig, vorauszuschauen und den Weg zu planen. Die gepunkteten Linien weisen auf kommende Lagenwechsel hin.

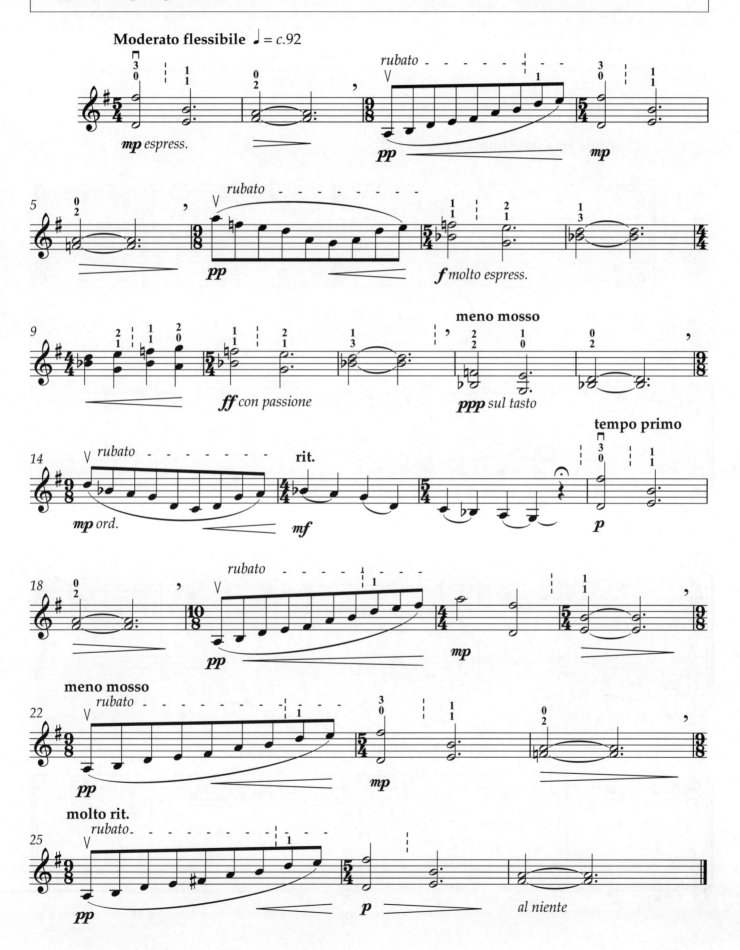

Catch! Duet

This piece is based on a whole tone scale, so there are no semitones! Clap the piece first to get the feel of the time changes and entries, keeping the pulse absolutely steady. Then build up gradually to ♩ = 208 (or even faster!), syncronizing perfectly at the 'catch!' moments. For the quick changes between *arco* and *pizzicato*, mentally anticipate the sound of the new technique happening exactly on the beat.

Dieses Stück verwendet die Ganztonleiter, hier gibt es also keine Halbtonschritte! Um ein Gefühl für Taktwechsel und Einsätze zu bekommen, sollte der Rhythmus erst geklatscht werden, wobei der Puls absolut konstant bleibt. Danach wird das Tempo langsam auf ♩ = 208 (oder sogar noch schneller!) gesteigert, wobei darauf zu achten ist, bei den "tig!"-Stellen exakt zusammen zu sein. Um die schnellen Wechsel zwischen *arco* und *pizzicato* hinzubekommen, muss der neue Klang vorher im Kopf ganz klar sein, damit er genau auf den Schlag umgesetzt werden kann.